AF220836

Impressum
Verlag: BABADADA GmbH, Nedderfeld 112 , 22529 Hamburg
Geschäftsführer / Verlagsleitung: Harald Hof
Druck: Books on Demand GmbH, In de Tarpen 42, 22848 Norderstedt

Imprint
Publisher: BABADADA GmbH, Nedderfeld 112 , 22529 Hamburg, Germany
Managing Director / Publishing direction: Harald Hof
Print: Books on Demand GmbH, In de Tarpen 42, 22848 Norderstedt

мактаб
koulu

тақсим кардан
jakaa

186/2

тахтаи синф
taulu

синф
luokkahuone

сахни мактаб
koulunpiha

муаллим
opettaja

коғаз
paperi

навиштан
kirjoittaa

ручка
kynä

мизи хатнависӣ
kirjoituspöytä

чадвал
viivoitin

китоб
kirja

талаба
oppilas

чузвдон

reppu

қаламдон

penaali

қалам

lyijykynä

қаламтезкунак

kynänteroitin

хаткуркунак

pyyhekumi

блокноти расмкашӣ

piirustuslehtiö

расм

piirustus

мӯқалами рассомӣ

pensseli

қуттии рангҳо

vesivärit

қайчӣ

sakset

ширеш

liima

дафтари машқ

harjoituskirja

вазифаи хонагӣ

kotitehtävä

рақам

luku

ҷамъ кардан

lisätä

кам кардан

vähentää

зарб задан

kertoa

ҳисоб кардан

laskea

ҳарф

kirjain

алфавит

aakkoset

калима

sana

матн
....
teksti

хондан
....
lukea

бӯр
....
liitu

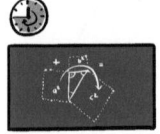

дарс
....
oppitunti

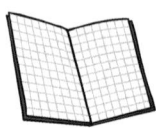

журнали синфӣ
....
opettajan muistikirja

имтиҳон
....
koe

шаҳодатнома
....
todistus

либоси мактабӣ
....
koulupuku

таҳсил/маориф
....
koulutus

энсиклопедия
....
sanakirja

донишгоҳ
....
yliopisto

микроскоп (more frequently used)
....
mikroskooppi

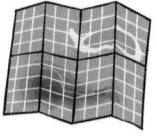

харита
....
kartta

сабади партофҳои коғазӣ
....
roskakori

саёҳат

matka

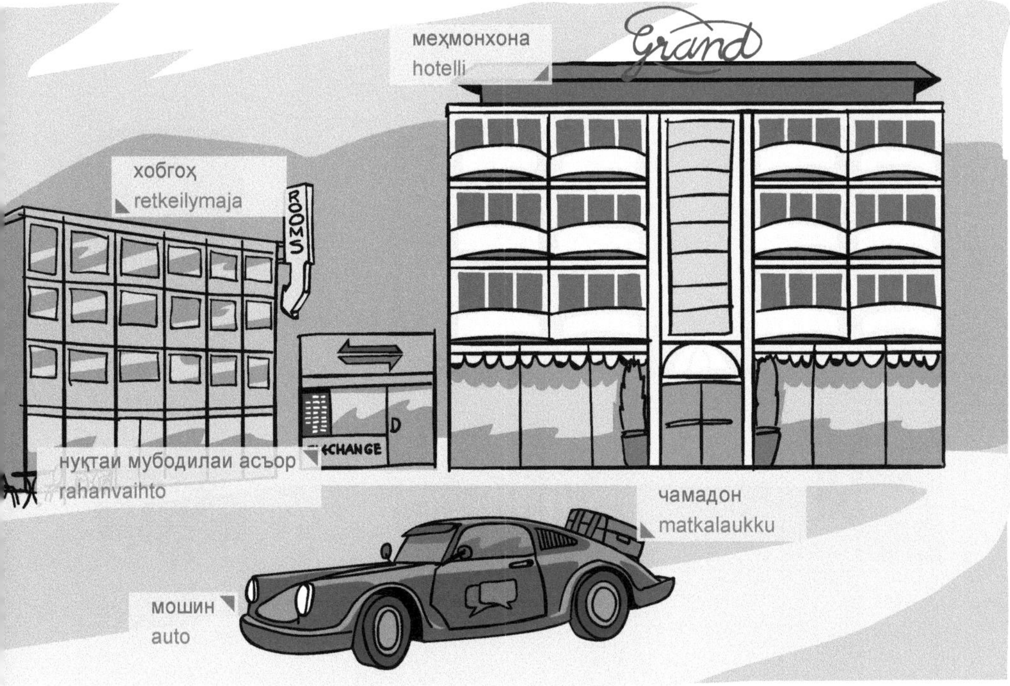

меҳмонхона
hotelli
Grand
хобгоҳ
retkeilymaja
ROOMS
нуқтаи мубодилаи асъор
rahanvaihto
чамадон
matkalaukku
мошин
auto

забон

kieli

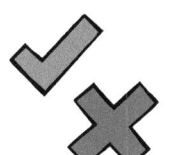

ҳа / не

kyllä / ei

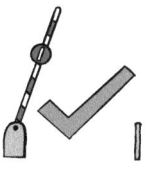

Хуб

selvä

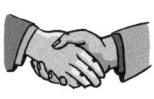

Ассалому алейкум

hei

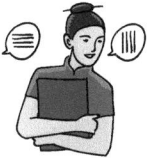

тарҷумон

tulkki

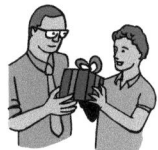

Раҳмат

kiitos

чӣ қадар аст ...?

Paljonko...maksaa?

Ман намефаҳмам

en ymmärrä

проблема

ongelma

шаб ба хайр!

Hyvää iltaa!

субҳ ба хайр

Hyvää huomenta!

шаби хуш

Hyvää yötä!

хайр

näkemiin

равона

suunta

бағоҷ

matkatavarat

ҷузвдон

laukku

борхалта

reppu

меҳмон

vieras

хона

huone

хобхалта

makuupussi

хайма

teltta

саёҳат - matka

маълумоти сайёҳӣ

turisti-info

соҳил

ranta

корти кредитӣ

luottokortti

наҳорӣ

aamupala

хӯроки пешин

lounas

хӯроки шом

päivällinen

чипта

matkalippu

лифт

hissi

марка

postimerkki

сарҳад

raja

Гумрук

tulli

сафорат

suurlähetystö

раводид

viisumi

шиносома

passi

наќлиёт

kuljetus

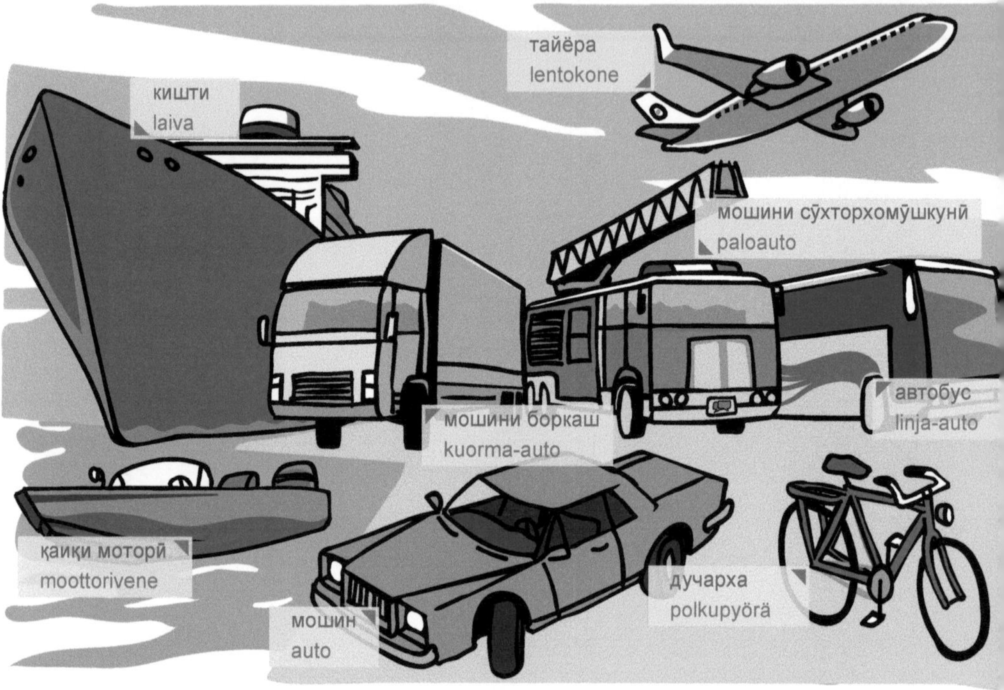

тайёра
lentokone
кишти
laiva
мошини сўхторхомўшкунӣ
paloauto
автобус
linja-auto
мошини боркаш
kuorma-auto
ќаиќи моторӣ
moottorivene
дучарха
polkupyörä
мошин
auto

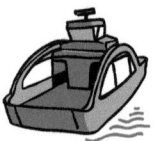

паром

lautta

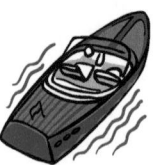

ќаиќ

vene

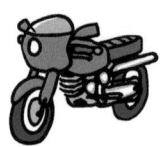

мотосикл

moottoripyörä

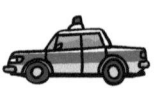

мошини полис

poliisiauto

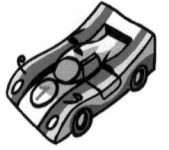

мошини тезрави пойгаи

kilpa-auto

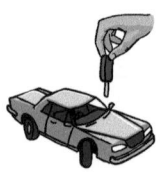

кирояи мошинҳо

vuokra-auto

амроҳ истифодабарии
мошин
car sharing

эвакуатор

hinausauto

павтовҷамъкунй

roska-auto

муҳаррик

moottori

сӯзишворй

polttoaine

нуқтаи фурӯши сӯзишворй

huoltoasema

аломати роҳ

liikennemerkki

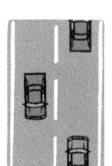

ҳаракат

liikenne

бандшавии ҳаракати роҳ

ruuhka

ҷои исти мошинҳо

parkkipaikka

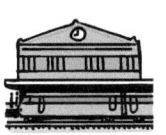

истгоҳи роҳи оҳан

rautatieasema

роҳи оҳан

raiteet

қатора

juna

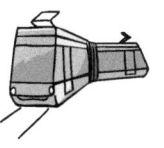

тамвай

raitiovaunu

вагон

vaunu

чархбол

helikopteri

фурудгоҳ

lentokenttä

манора

lähilennonjohto

мусофир

matkustaja

контейнер

kontti

щутии картонӣ

pahvilaatikko

ароба

kärryt

сабад

kori

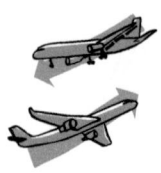

гирифтан / замин

nousta / laskea

шаҳр

kaupunki

деҳа

kylä

маркази шаҳр

keskusta

хона

talo

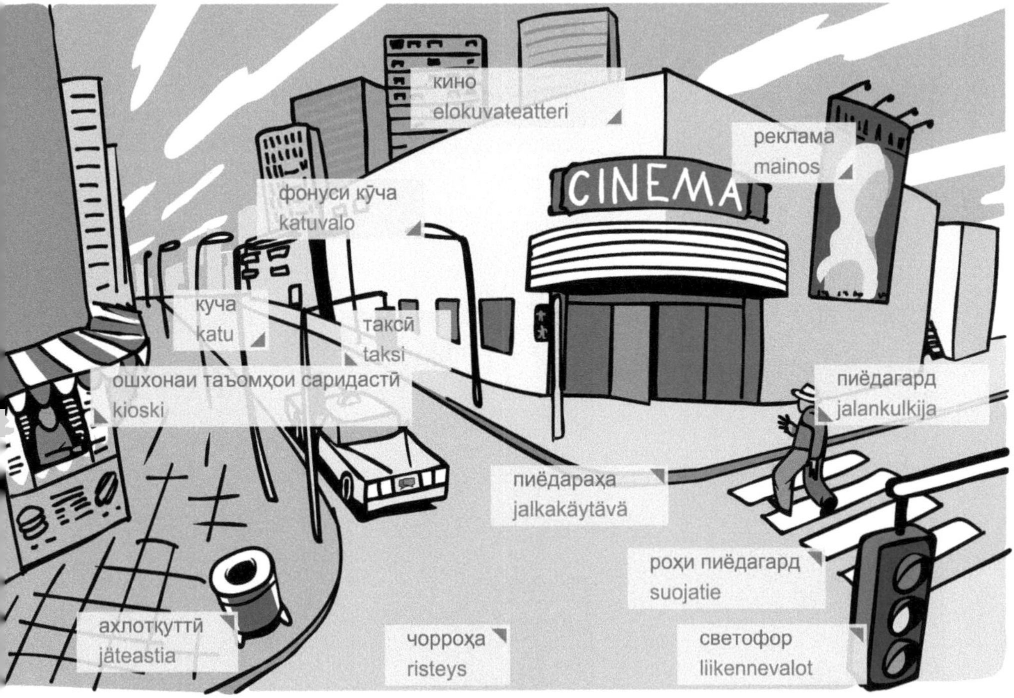

CINEMA

кино / elokuvateatteri

реклама / mainos

фонуси кӯча / katuvalo

куча / katu

таксӣ / taksi

ошхонаи таъомхои саридастӣ / kioski

пиёдагард / jalankulkija

пиёдараҳа / jalkakäytävä

роҳи пиёдагард / suojatie

ахлотқуттӣ / jäteastia

чорроҳа / risteys

светофор / liikennevalot

кулба
mökki

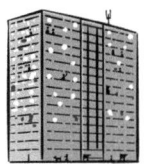

ҳамвор
kerrostalo

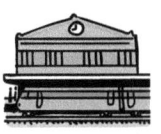

истгоҳи роҳи оҳан
rautatieasema

бинои маъмурияти шаҳр
kaupungintalo

осорхона
museo

мактаб
koulu

донишгоҳ yliopisto	бонк pankki	бемористон sairaala

меҳмонхона hotelli	доухона apteekki	идора toimisto

сехи китоб kirjakauppa	сехи liike	мағозаи гулфурӯшӣ kukkakauppa

супермаркет supermarketti	бозор tori	универмаг tavaratalo

мағозаи моҳифурӯшӣ kalakauppias	маркази савдо ostoskeskus	бандар satama

парк

puisto

бонк

penkki

пул

silta

зинапоя

portaat

метро

metro

нақби

tunneli

истгоҳи автобус

linja-autopysäkki

бар

baari

тарабхона

ravintola

қуттии почта

postilaatikko

аломати номи кӯчаҳо

katukyltti

ҳисобкунаки исти мошинҳо

parkkimittari

боғи ҳайвонот

eläintarha

ҳавзи шиноварӣ

uimala

масҷид

moskeija

ферма
maatila

ифлоскунӣ
ympäristön saastuminen

қабристон
hautausmaa

калисо
kirkko

майдончаи бозӣ
leikkikenttä

маъбад
temppeli

ландшафт

maisema

барг
lehti

аломати роҳнамо
tienviitta

роҳ
tie

алафзор
niitty

санг
kivi

дарахт
puu

сайёҳ
retkeilijä

дарё
joki

алаф
ruoho

гул
kukka

водӣ
laakso

кӯҳ
vuori

кӯл
järvi

беша
metsä

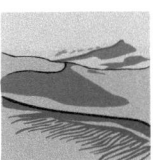

биёбон
aavikko

вулкан
tulivuori

қалъа
linna

рангинкамон
sateenkaari

занбӯруғ
sieni

дарати нахл
palmu

хомӯшак
hyttynen

паридан
kärpänen

мурча
muurahainen

занбур
mehiläinen

тортанак
hämähäkki

гамбӯсак

kovakuoriainen

қурбоққа

sammakko

санчоб

orava

хорпушт

siili

харгӯш

jänis

бум

pöllö

парранда

lintu

мурғи қу

joutsen

хуки ваҳшй

villisika

оху

peura

гавазн

hirvi

сарбанд

pato

турбина шамол

tuulimylly

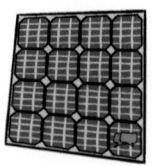

панел офтобй

aurinkopaneeli

иқлим

ilmasto

тарабхона
ravintola

пешхизмат
tarjoilija
меню
ruokalista
курсӣ
tuoli
шӯрбо
keitto
Pizza
pitsa
асбобу анҷоми хӯрокхӯрӣ
ruokailuvälineet
дастархон
pöytäliina

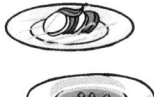

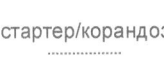

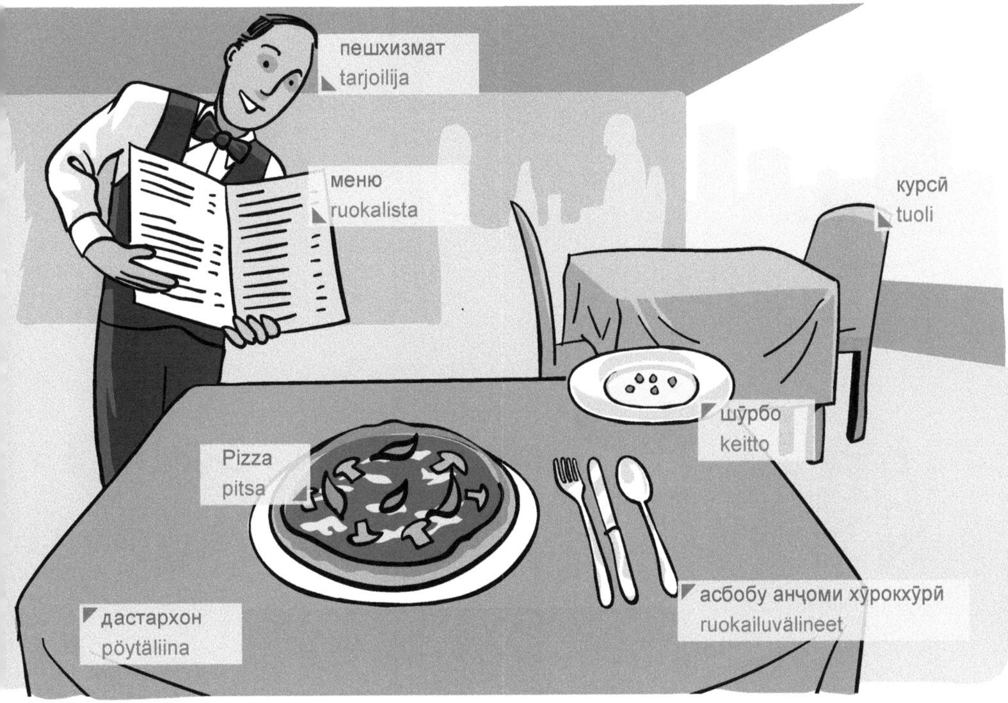

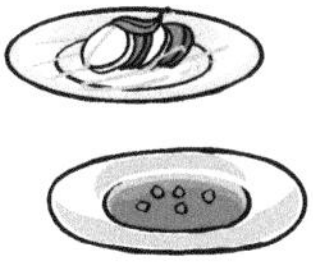

стартер/корандоз

alkuruoka

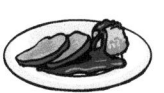

хӯроки асосӣ

pääruoka

десерт

jälkiruoka

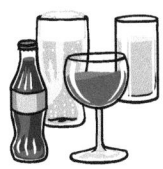

нӯшокиҳои

juomat

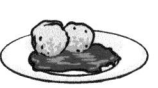

таъом

ruoka

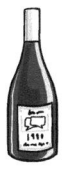

шиша

pullo

Хӯроки Тез Таёр мешуда

pikaruoka

хӯроки кӯчагӣ

katuruoka

чойник

teekannu

шакардон

sokeriastia

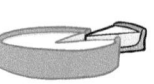

қисм/порча

annos

мошини espresso

espressokeitin

курсии кӯдакона

syöttötuoli

ҳисоб

lasku

зарфмонак

tarjotin

корд

veitsi

чангол

haarukka

қошуқ

lusikka

қошуқча

teelusikka

сачоқи қоғазӣ

servietti

истакон

lasi

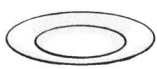

табақча
lautanen

косача
syvä lautanen

тақсимча
aluslautanen

соус
kastike

намакдон
suolasirotin

мурчдон
pippurimylly

сирко
etikka

равғани растанӣ
öljy

приправа
mausteet

кетчуп
ketsuppi

хардал
sinappi

майонез
majoneesi

супермаркет
supermarketti

пешниҳоди махсус
tarjous
FOR
мизоҷ
asiakas
шир
maitotuotteet
мева
hedelmät
аробача
ostoskärryt

BUTCHERS

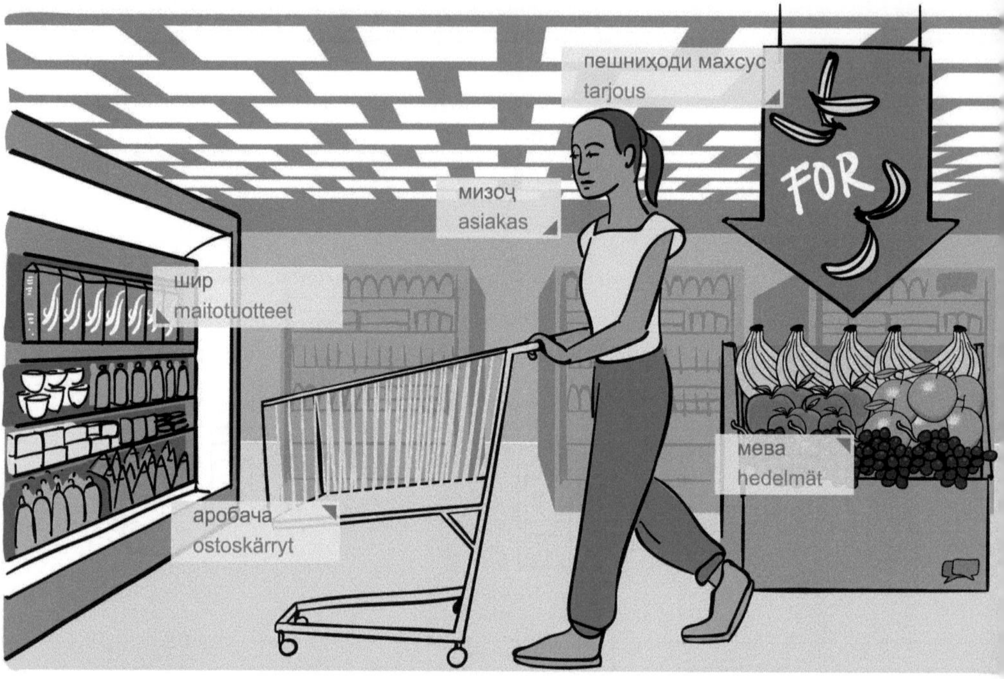

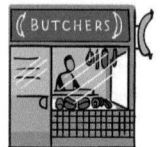

дукони гӯштфурӯшӣ

teurastamo

BAKERY

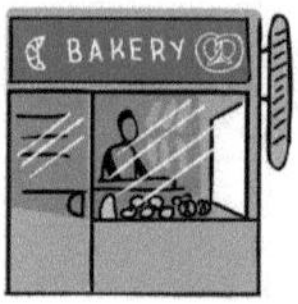

дукони нонфурӯшӣ

leipomo

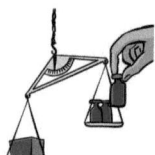

баркашидан

punnita

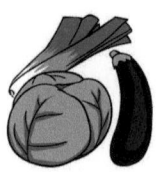

сабзавот

kasvikset

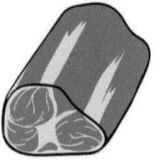

гӯшт

liha

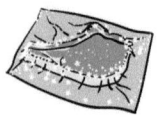

хӯроки яхбаста

pakasteet

лимҳои борик буридаи
гушт
leikkele

озуқаворӣ
консервонидашуда
säilykkeet

хокаи либосшӯй
pesujauhe

ширинӣ
makeiset

асбоби рӯзгор
kotitaloustarvikkeet

воситаҳои тозакунанда
puhdistusaineet

фурӯшанда
myyjä

касса
kassa

кассир
kassanhoitaja

рӯихати харидкунӣ
ostoslista

соат ифтитоҳи
aukioloajat

ҳамён
lompakko

корти кредитӣ
luottokortti

ҷуздо
kassi

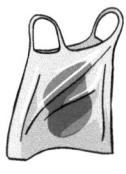

пакет
muovipussi

об

vesi

шарбат

mehu

шир

maito

кола

kokis

шароб

viini

оби ҷав

olut

машрубот

alkoholi

какао

kaakao

чой

tee

қаҳва

kahvi

эспрессо

espresso

каппучино

cappuccino

банан

banaani

себ

omena

норанчӣ

appelsiini

харбуза

meloni

лимӯ

sitruuna

сабзӣ

porkkana

сир

valkosipuli

бамбук

bambu

пиёз

sipuli

занбӯруғ

sieni

чормағз

pähkinät

угро

spagetti

спагеттй

spagetti

биринҷ

riisi

салат

salaatti

картошкаи қоқак

ranskalaiset

картошкабирён

paistetut perunat

Pizza

pitsa

гамбургер

hampurilainen

бутербурод

voileipä

шнитсел

leike

гӯшти намакардаи хук

kinkku

ҳасиби салямӣ

salami

ҳасиб

makkara

мурғ

kana

кабоб

paisti

моҳӣ

kala

24

таъом - ruoka

ярмаи чав

kaurahiutaleet

омехтаи ғалладонагӣ

mysli

ярмаи чуворимакка

murot

орд

jauho

кулчақанд

voisarvi

кулчақанд

sämpylä

нон

leipä

як порча нони бирён

paahtoleipä

кулчачаҳои қандин

keksit

маска

voi

творог

rahka

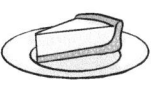

пирог

kakku

тухм

kananmuna

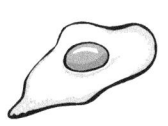

тухм бирён

paistettu kananmuna

панир

juusto

яхмос

jäätelö

шакар

sokeri

асал

hunaja

мураббо

hillo

хамираи ҳалво

suklaapähkinälevite

Curry

curry

ферма
maatila

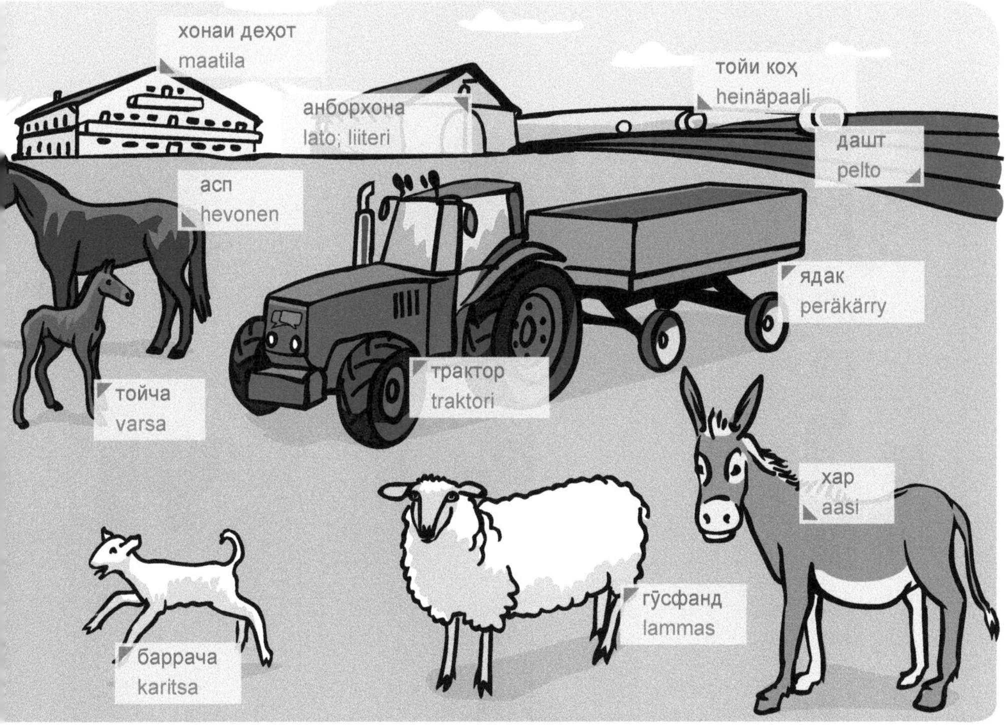
хонаи деҳот
maatila
анборхона
lato; liiteri
тойи коҳ
heinäpaali
дашт
pelto
асп
hevonen
ядак
peräkärry
трактор
traktori
тойча
varsa
хар
aasi
гӯсфанд
lammas
баррача
karitsa

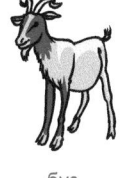

буз
vuohi

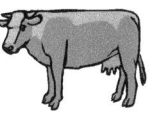

гов
lehmä

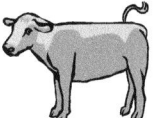

гӯсола
vasikka

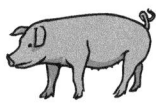

хук
sika

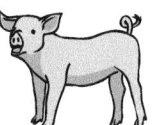

хукча
porsas

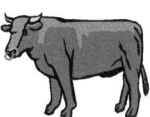

буққа
sonni

қоз

hanhi

мурғобӣ

ankka

чӯча

tipu

мурғ

kana

хурӯс

kukko

каламуш

rotta

гурба

kissa

муш

hiiri

барзагов

härkä

саг

koira

хоначаи саг

koirankoppi

рӯдаи резинӣ

puutarhaletku

камобӣ метавонад

kastelukannu

дос

viikate

сипори шудгоркунии замин

aura

доси

sirppi

каланд

kuokka

панчшоха

talikko

табар

kirves

ароба

kottikärryt

охур

kaukalo

зарфи ширгирй

maitokannu

халта

säkki

девор

aita

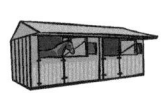

мӯътадил

talli

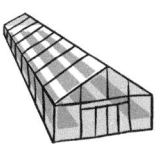

гармхона

kasvihuone

хок

maa

тухмй

siemen

нурихо

lannoite

комбайни ғаллағундорй

leikkuupuimuri

ферма - maatila

хосил

kerätä sato

хосил

sato

yams

jamssit

гандум

vehnä

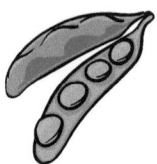

лубиж

soija

картошка

peruna

чуворй

maissi

донаи маъсар

rypsi

дарахти мева

hedelmäpuu

manioc

maniokki

ғалладона

vilja

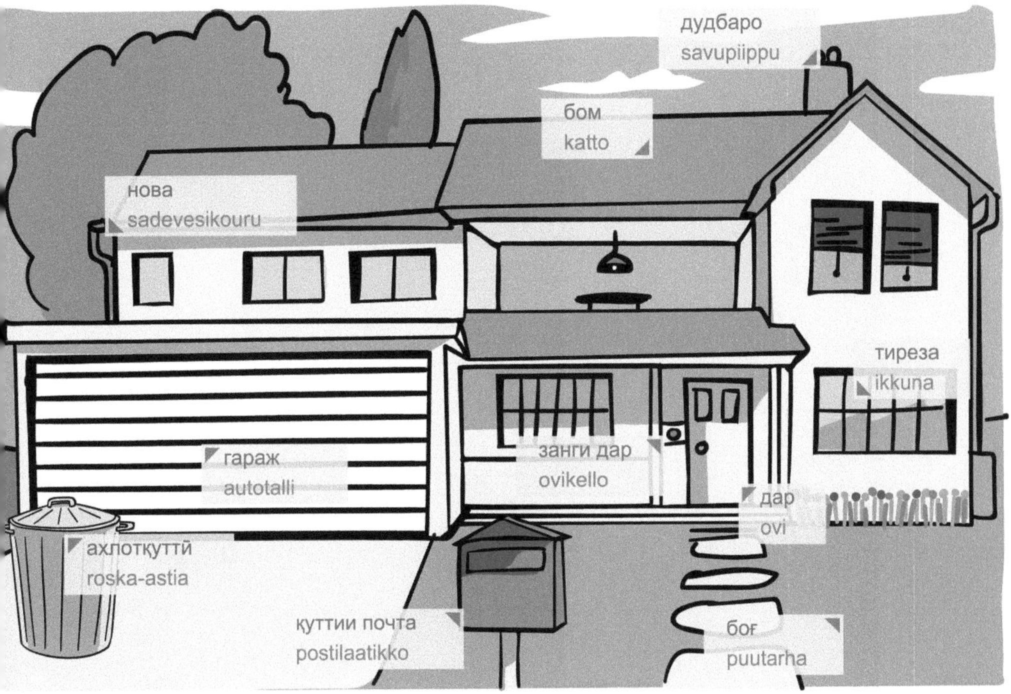

дудбаро
savupiippu

бом
katto

нова
sadevesikouru

тиреза
ikkuna

гараж
autotalli

занги дар
ovikello

дар
ovi

ахлотқуттӣ
roska-astia

қуттии почта
postilaatikko

боғ
puutarha

мехмонхона
olohuone

ҳамом
kylpyhuone

ошхона
keittiö

хонаи хоб
makuuhuone

ҳучраи кӯдакона
lastenhuone

ошхона
ruokahuone

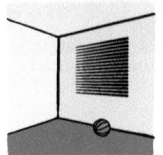

ошёна

lattia

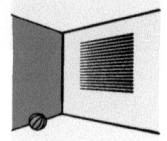

девор

seinä

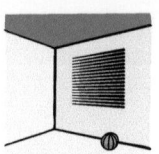

шифт

katto

тагзаминй

kellari

сауна

sauna

балкон

parveke

суфача

terassi

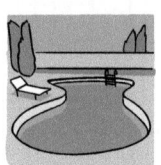

ҳавз

uima-allas

мошини алафдарав

ruohonleikkuri

варақ

lakana

кампал

päiväpeitto

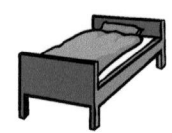

кат

sänky

чорӯб

harja

сатил

ämpäri

калид

katkaisin

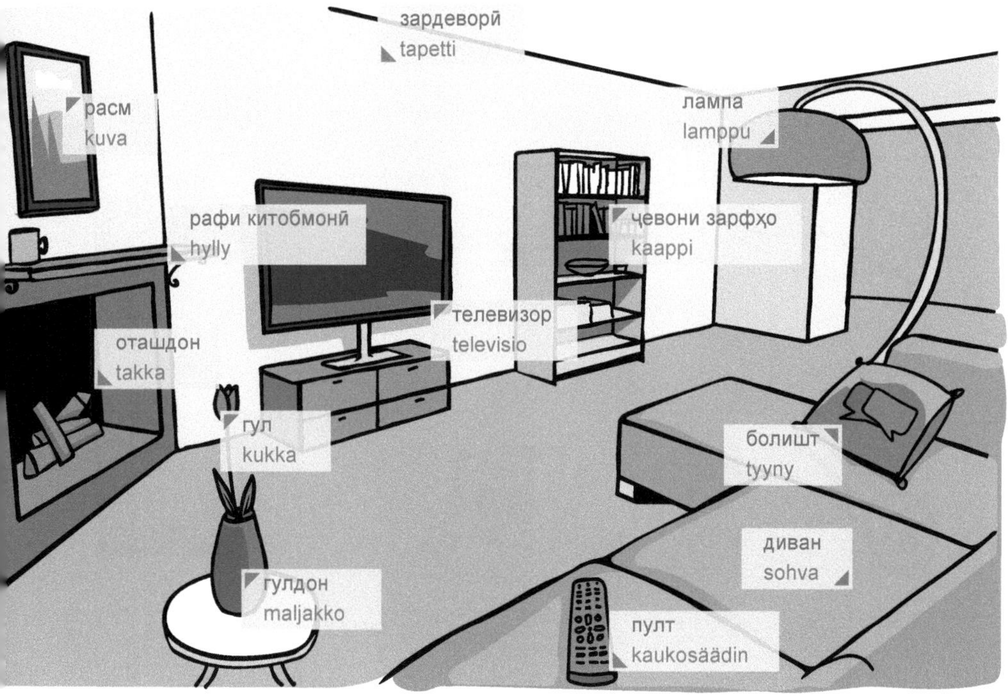

зардеворӣ
tapetti

расм
kuva

лампа
lamppu

рафи китобмонӣ
hylly

чевони зарфҳо
kaappi

оташдон
takka

телевизор
televisio

гул
kukka

болишт
tyyny

диван
sohva

гулдон
maljakko

пулт
kaukosäädin

қолин

matto

парда

verho

мизи

pöytä

курсӣ

tuoli

rocking кафедраи

keinutuoli

курсӣ

nojatuoli

китоб

kirja

курпа

peitto

ороиш

koriste

ҳезум

polttopuut

филм

elokuva

дастгоҳи hi-fi

stereot

калид

avain

рӯзнома

sanomalehti

расм

maalaus

эълон

juliste

радио

radio

китобчаи қайдҳо

muistivihko

чангкашак

pölynimuri

кактус

kaktus

шам

kynttilä

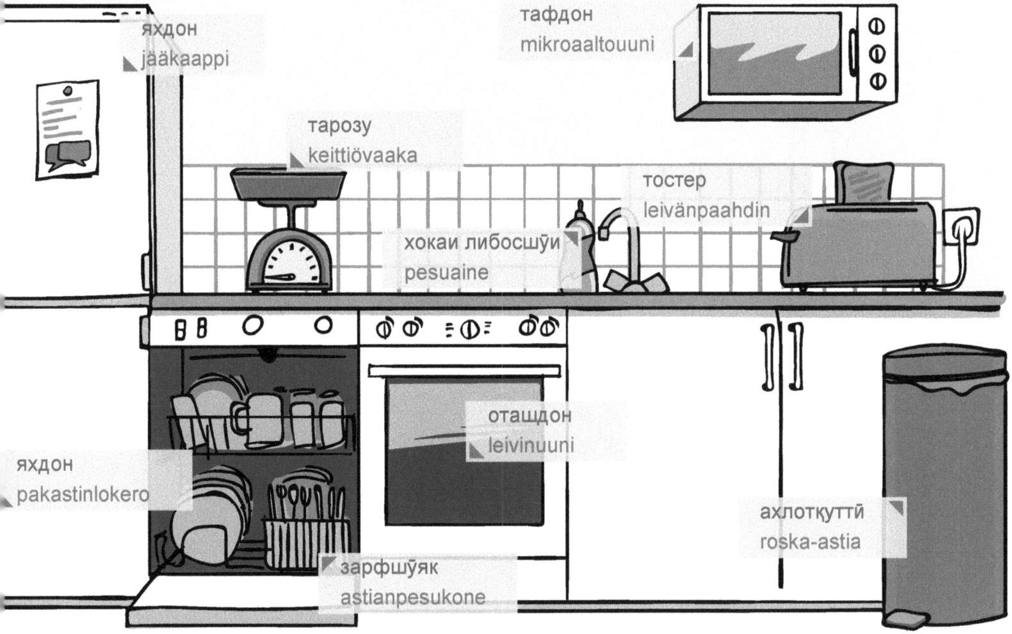

яхдон
jääkaappi

тафдон
mikroaaltouuni

тарозу
keittiövaaka

тостер
leivänpaahdin

хокаи либосшӯи
pesuaine

оташдон
leivinuuni

яхдон
pakastinlokero

ахлоткуттӣ
roska-astia

зарфшӯяк
astianpesukone

плита

liesi

тубак

kattila

дег

rautapata

дег / кадй

okkipannu / kadai-pannu

тоба

paistinpannu

чойник

teepannu

steamer

höyrykeitin

лист

uunipelti

зарф

astiat

кружка

muki

коса

kulho

чубаки хурокхӯрй

syömäpuikot

кафлези

kauha

кафлези ҳамвор

paistinlasta

whisk

vispilä

strainer

siivilä

элак

siivilä

турбтарошак

raastin

миномет

mortteli

Кабоб Кардан

grilli

оташ кушод

avotuli

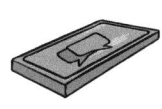

тахтаи резакунй

leikkuulauta

чӯба

kaulin

пӯккашак

korkinavaaja

банка

purkki

консервокушояк

purkinavaaja

дастак

pannulappu

дастшӯяк

lavuaari

чӯтка

tiskiharja

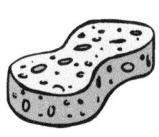

исфанч

pesusieni

блендер

tehosekoitin

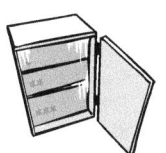

сармодон

pakastin

шишача

tuttipullo

чумак

vesihana

ҳамом

kylpyhuone

гармидиҳӣ
lämmitys
сачоқ
pyyhe
душ
suihku
пардаи душ
suihkuverho
ваннаи кафкдор
vaahtokylpy
ванна
kylpyamme
истакон
lasi
мошини ҷомашӯӣ
pesukone
ҷумак
vesihana
фарши кошинкорӣ
kaakelit
тубак
potta
дастшӯяк
lavuaari

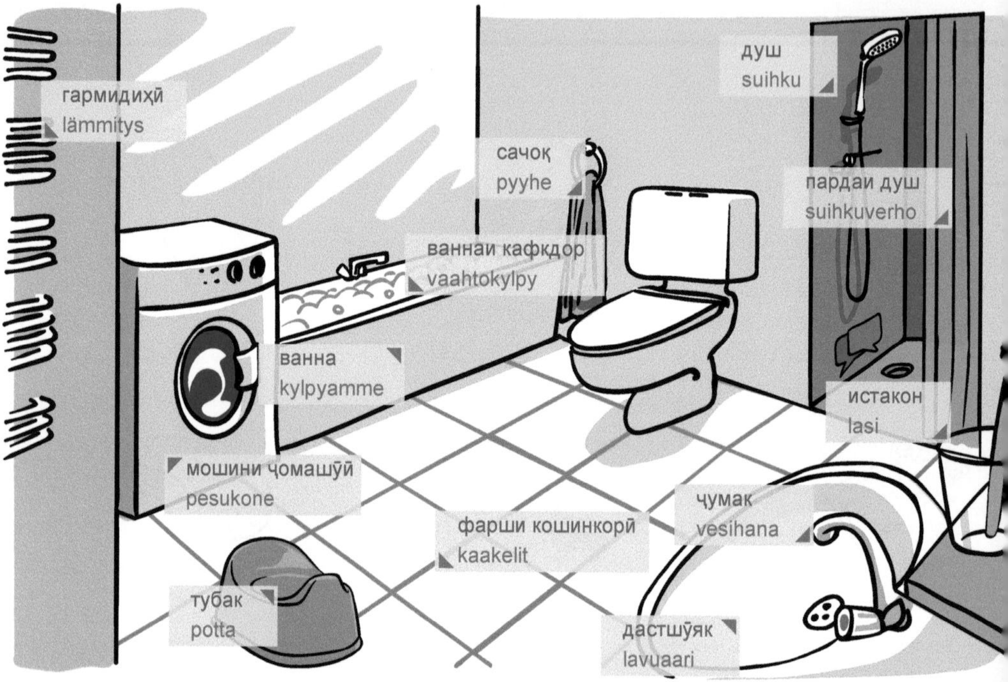

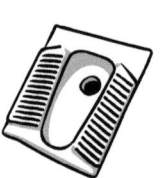

ҳоҷатхона

vessa

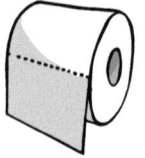

нишастгоҳи халоҷои рӯйфаршӣ

kyykkyvessa

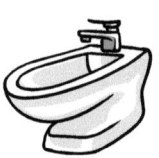

биде

bidee

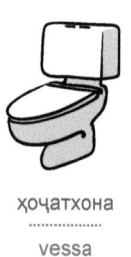

ҳоҷатхонаи мардона

pisuaari

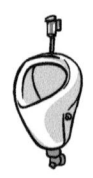

коғази ташноб

vessapaperi

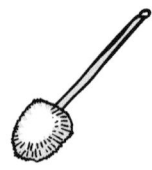

чӯткаи ҳоҷатхона

vessaharja

дандоншӯяк

hammasharja

хамираи дандоншӯи

hammastahna

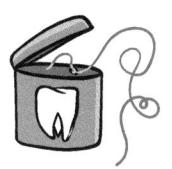

риштаи дандонтозакунӣ

hammaslanka

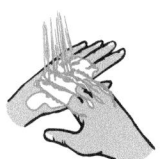

шӯстан

pestä

души дастӣ

käsisuihku

обшӯй

intiimisuihku

ҳавза

pesuvati

шона кардани мӯй

selkäharja

собун

saippua

гел барои душ

suihkugeeli

шампун

shampoo

бумазӣ

pesulappu

заҳкаш

viemäri

крем

voide

дезодорант

deodorantti

оина

peili

оинаи дастӣ

käsipeili

риштарошаки барқи

partaveitsi

кафк барои риштарошӣ

partavaahto

оби мушкини баъди
риштарошӣ

partavesi

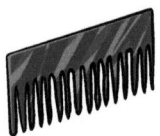

шона

kampa

чӯтка

harja

мӯйхушкунак

hiustenkuivaaja

лак барои мӯй

hiuslakka

косметика

meikki

лабсурхкунак

huulipuna

лок барои нохун

kynsilakka

пахта

pumpuli

қайчии нохунгирӣ

kynsisakset

атриёт

hajuvesi

ҷузвдони косметики

kosmetiikkalaukku

қазои ҳоҷат

jakkara

тарозу

vaaka

хилъат

kylpytakki

дастпӯшак резина

kumihansikkaat

тампон

tamponi

дастмоли санитарӣ

terveysside

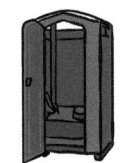

био-ҳоҷатхона

kemiallinen wc

ҳуҷраи кӯдакона
lastenhuone

соати рӯимизии зангдор
herätyskello
бозичаи мулоим
pehmolelu
мошини бозича
leikkiauto
тиқ-тиқ кардан
helistin
хоначаи бозичагӣ
nukkekoti
ҳузур
lahja

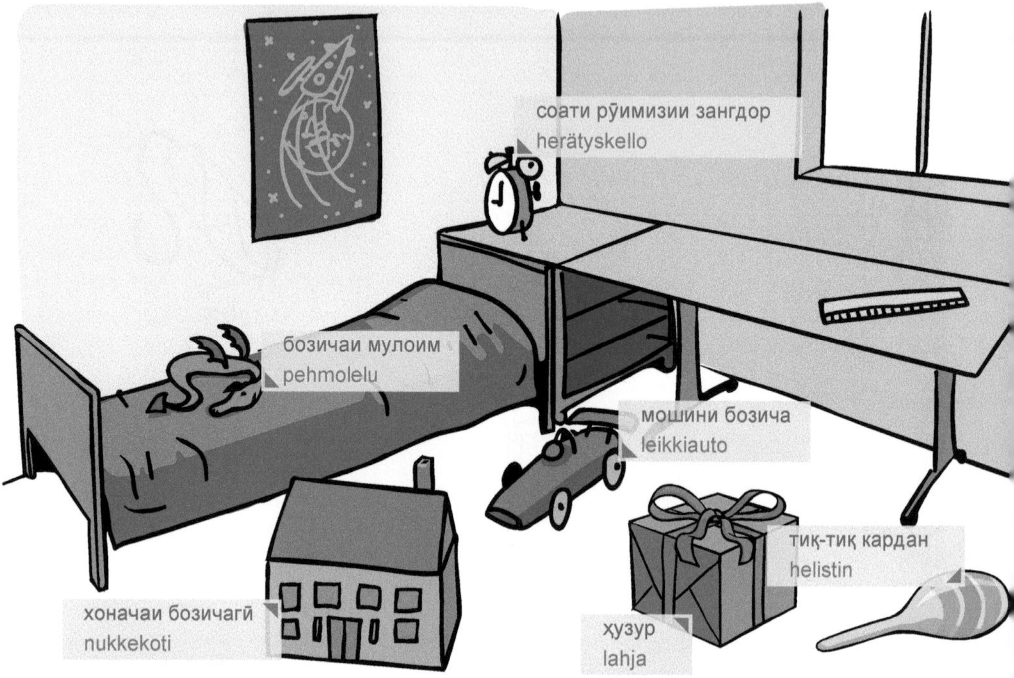

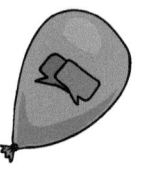

пуфак
ilmapallo

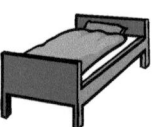

кат
sänky

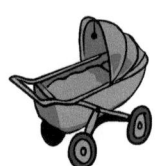

аробочаи кудакона
lastenvaunut

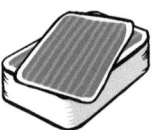

маҷмӯи кортҳо
korttipeli

бозии муамоёбӣ
palapeli

SUPER
MEGA

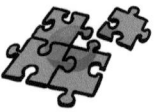

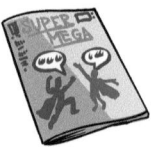

комикс
sarjakuva

хиштҳои лего

legopalikat

мағозаи бозичафурӯхтан

rakennuspalikat

рақам амал

supersankari

либоси ғаваккашӣ

potkupuku

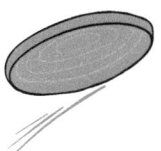

фрисби

frisbee

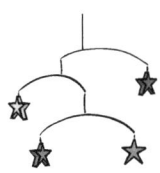

мобилӣ

mobile

лавҳачаи бозӣ

lautapeli

кубик

noppa

маҷмӯи модели қатора

pienoisjunarata

пистонак

tutti

ҳизб

juhlat

китоби расм

kuvakirja

тӯб

pallo

лӯхтак

nukke

бози кардан

leikkiä

қуттии рег

hiekkalaatikko

арғунчак

keinu

бозича

lelut

консоли бозиҳои видеой

pelikonsoli

велосипеди сечарха

kolmipyörä

хирсаки бахмалии патдор

nalle

чевон

vaatekaappi

либос

vaatteet

ҷуроб

sukat

ҷуроби соқбаланд

nylonsukat

колготки

sukkahousut

гарданпеч
kaulaliina

чатр
sateenvarjo

футболка
t-paita

тасма
vyö

пойафзол
saappaat

шиппак
sisätossut

кроссовки
lenkkarit

босоножкй
sandaalit

пойафзол
kengät

музаи резинй
kumisaappaat

турсй
alushousut

синабанд
rintaliivit

майка
aluspaita

бадан

body

шим

housut

чинс

farkut

юбка

hame

куртаи нимтаи занона

pusero

курта

paita

свитер

villapaita

свитер

collegepaita

пичак

jakku

нимтана

takki

палто

takki

плаш

sadetakki

костюм

puku

куртаи занона

mekko

либос тӯйи

hääpuku

костюм
puku

куртаи хоб
yöpaita

пижама
pyjama

Сари
shari

рӯймол
päähuivi

салла
turbaani

ниқобу
burka

кафтан
kaftaani

абая
abaya

либоси обозӣ
uimapuku

эзорчаи шиноварии
мардона
uimahousut

шорти
shortsit

либоси варзишӣ
verkkarit

пешбанд
esiliina

дастпӯшак
käsineet

тугма

nappi

айнак

silmälasit

дастпона

rannekoru

гарданбанд

kaulakoru

ангуштарин

sormus

гӯшвора

korvakoru

кулоҳ

lippalakki

либосовезак

ripustin

кулоҳ

hattu

галстук

solmio

занҷирак

vetoketju

тоскулоҳ

kypärä

шимбардор

henkselit

либоси мактабӣ

koulupuku

либоси

univormu

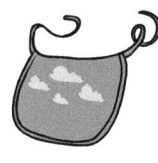

пешгир

ruokalappu

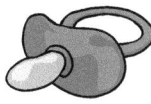

пистонак

tutti

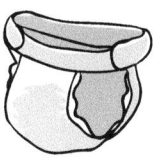

подгузник

vaippa

идора
toimisto

сервер
palvelin
чевони ҳуҷҷатмонӣ
asiakirjakaappi
принтер
tulostin
коғаз
paperi
монитор
näyttö
мушак
hiiri
мизи хатнависӣ
kirjoituspöytä
ҷузъгир
kansio
клавиатура
näppäimistö
сабади партофҳои коғазӣ
roskakori
копютер
tietokone
курсӣ
tuoli

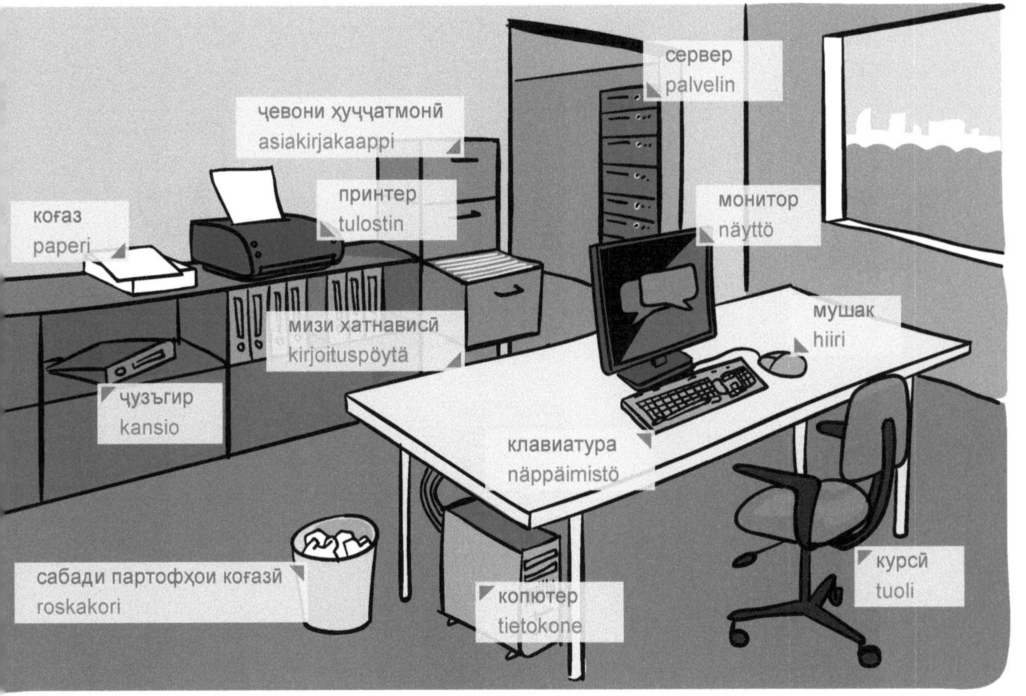

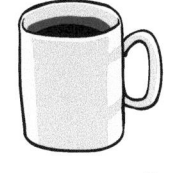

кружкаи қаҳванӯшӣ

kahvimuki

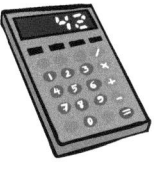

калкулятор

taskulaskin

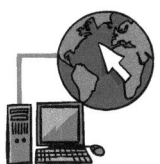

интернет

internet

ноутбук

kannettava tietokone

мактуб

kirje

хабар

viesti

телефони мобилӣ

kännykkä

шабака

verkko

нусхабардор

kopiokone

нармафзор

ohjelmisto

телефон

puhelin

розетка

pistorasia

факс

faksi

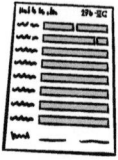

шакл

lomake

ҳуҷҷат

asiakirja

идора - toimisto

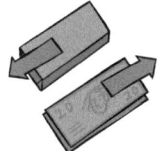

харидан

ostaa

пардохт

maksaa

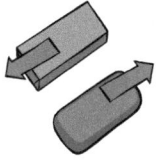

савдо

vaihtaa

пул

raha

USD

доллар

dollari

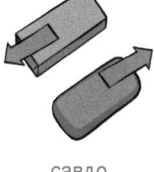

EUR

евро

euro

JPY

йен

jeni

RUB

рубл

rupla

CHF

франки швейцариягй

frangi

CNY

юан

renminbi juan

INR

рупй

rupia

нуқтаи нақд

pankkiautomaatti

нуқтаи мубодилаи асъор

rahanvaihto

тилло

kulta

нуқра

hopea

равғани растанй

öljy

энерги

energia

нарх

hinta

шартнома

sopimus

андоз

vero

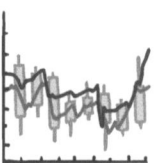

саҳмия

osake

кор

työskennellä

хизматчӣ

työntekijä

соҳибкор

työnantaja

завод

tehdas

сехи

liike

иқтисодиёт - talous

касбҳо

ammatit

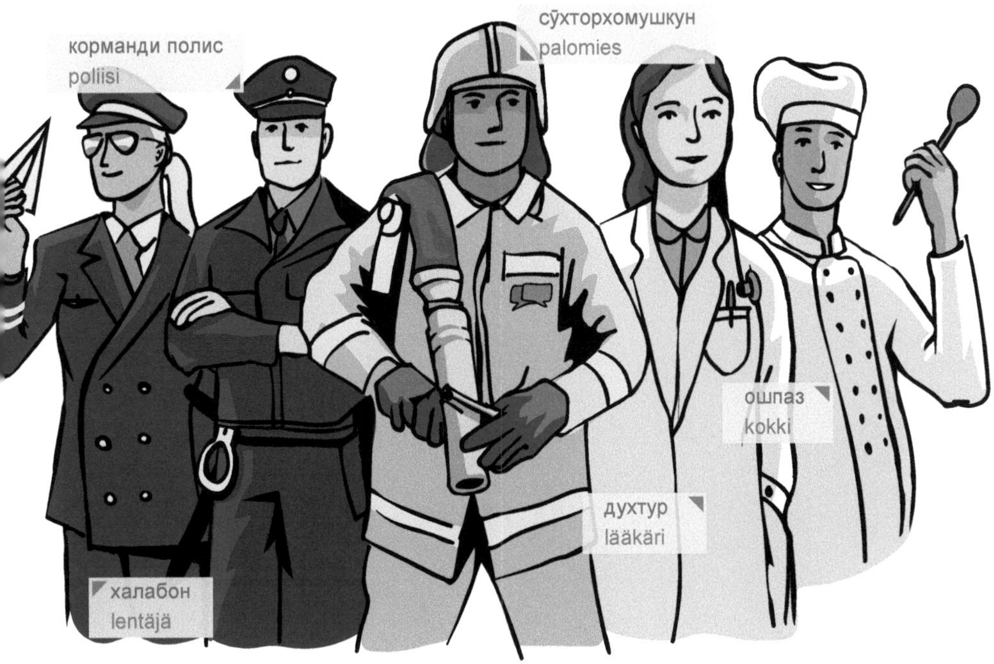
корманди полис
poliisi
сӯхторхомушкун
palomies
ошпаз
kokki
духтур
lääkäri
халабон
lentäjä

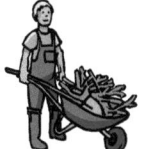

боғбон

puutarhuri

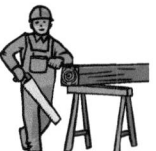

чӯбтарош

puuseppä

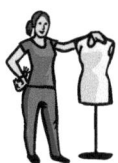

дӯзанда

ompelija

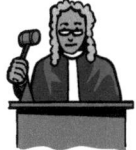

судя

tuomari

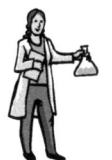

кимиёшинос

kemisti

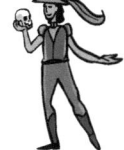

актер

näyttelijä

ронандаи автобус

linja-autonkuljettaja

таксист

taksinkuljettaja

моҳигир

kalastaja

фаррошзан

siivooja

устои бомпӯш

katontekijä

пешхизмат

tarjoilija

шикорчӣ

metsästäjä

расом

maalari

нонвой

leipuri

барқ

sähköasentaja

сохтмончӣ

rakentaja

инженер

insinööri

қассоб

teurastaja

устои шабакаи об

putkiasentaja

хаткашон

postinjakaja

сарбоз

sotilas

меъмор

arkkitehti

кассир

kassanhoitaja

гулфурӯш

floristi

сартарош

kampaaja

кондуктор

konduktööri

механик

mekaanikko

капатан

kapteeni

духтури дандон

hammaslääkäri

олим

tiedemies

хохом

rabbi

имом

imaami

шайх

munkki

саркоҳин

pappi

асбобҳо

työkalut

анбӯри паҳннӯл
pihdit
болғача
vasara
мурваттобак
ruuvimeisseli
фонуси дастӣ
taskulamppu
калиди гайкатобӣ
jakoavain

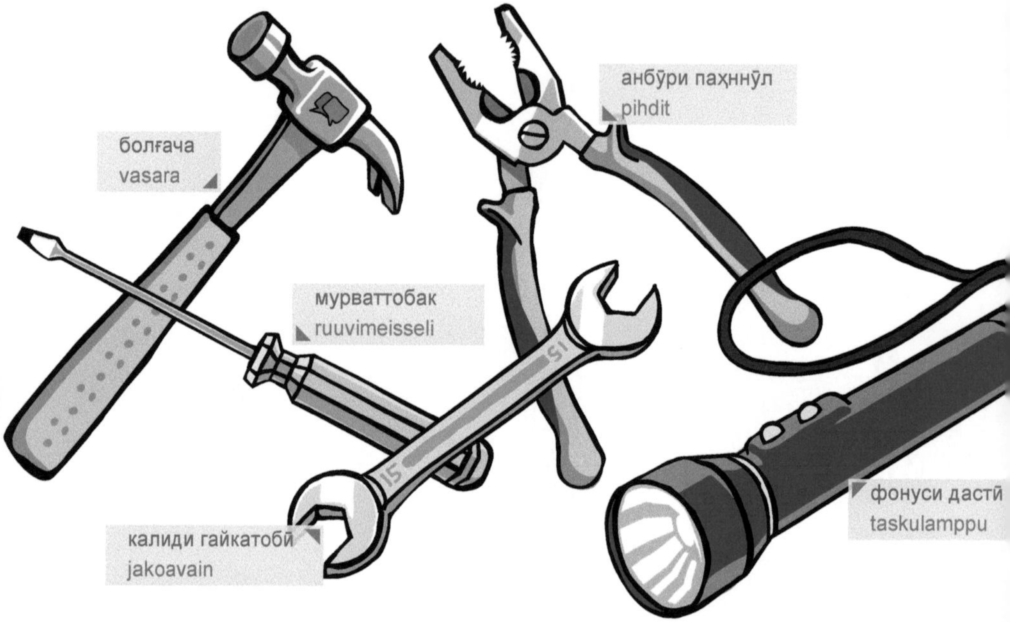

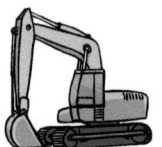

экскаватор

kaivinkone

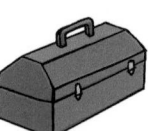

қутии асбобҳо

työkalupakki

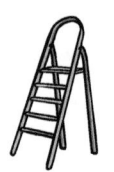

зинапоя

tikkaat

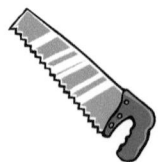

арра

saha

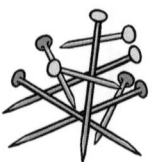

мехҳо

naulat

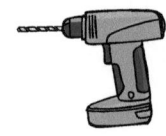

пармаи электрикӣ

pora

таъмир
korjata

бел
lapio

Сабил монад!
Hitto!

белчаи хокрӯбагирӣ
rikkalapio

сатили ранг
maalipurkki

мехи печдор
ruuvit

асбобҳои мусиқӣ
soittimet

асбоби нақоразанӣ
rummut

динамик
kaiuttimet

контрабас
kontrabasso

карнай
trumpetti

гитара
kitara

пианино

piano

ғиччак

viulu

бас-гитара

basso

нақораи поядор

patarummut

нақора

rumpu

клавиатура

kosketinsoitin

саксофон

saksofoni

най

huilu

баландгӯяд

mikrofoni

боғи ҳайвонот
eläintarha

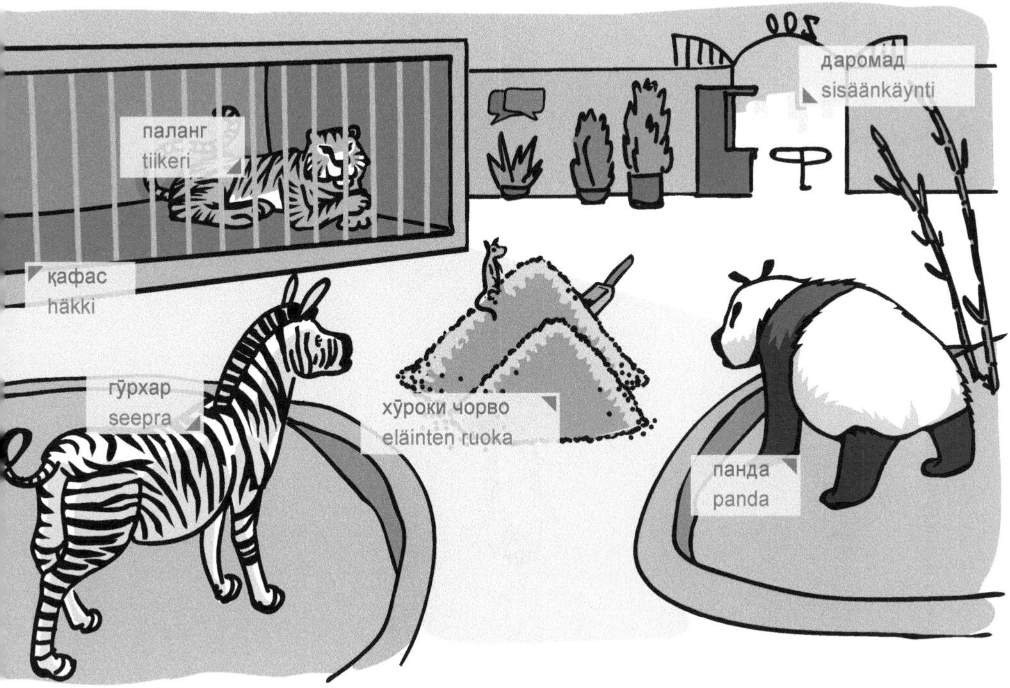

даромад
sisäänkäynti
паланг
tiikeri
қафас
häkki
гӯрхар
seepra
хӯроки чорво
eläinten ruoka
панда
panda

ҳайвонот

eläimet

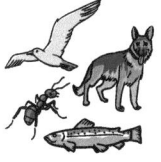

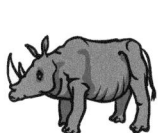

фил

norsu

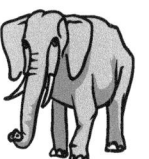

кенгуру

kenguru

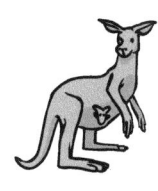

каркадан

sarvikuono

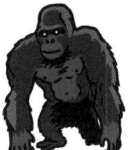

горилла

gorilla

хирси бӯр

karhu

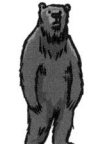

шутур

kameli

шутурмурғ

strutsi

шер

leijona

маймун

apina

бутимор

flamingo

тӯти

papukaija

хирси сафед

jääkarhu

пингвин

pingviini

наҳанг

hai

товус

riikinkukko

мор

käärme

тимсоҳ

krokotiili

посбон

eläintarhanhoitaja

сил

hylje

ягуар

jaguaari

аспи кӯтоҳқад
poni

леопард
leopardi

баҳмут
virtahepo

заррофа
kirahvi

уқоб
kotka

хуки ваҳшӣ
villisika

моҳӣ
kala

сангпушт
kilpikonna

морж
mursu

рӯбоҳ
kettu

ғизол/оҳу
gaselli

футболи амрикои
amerikkalainen jalkapallo

велосипедронй
pyöräily

теннис
tennis

баскетбол
koripallo

шиноварй
uinti

бокс
nyrkkeily

хоккей
jääkiekko

футбол
jalkapallo

бадмингтон
sulkapallo

атлетика
yleisurheilu

гандбол
käsipallo

лижаронй
hiihto

тӯббозӣ бо асп
poolo

фаъолият

aktiviteetit

паридан
hypätä
оғӯш гирифтан
halata
ханда
nauraa
пиёда рафтан
kävellä
шеър хондан
laulaa
орзӯ кардан
unelmoida
ибодат кардан
rukoilla
бӯса кардан
suudella

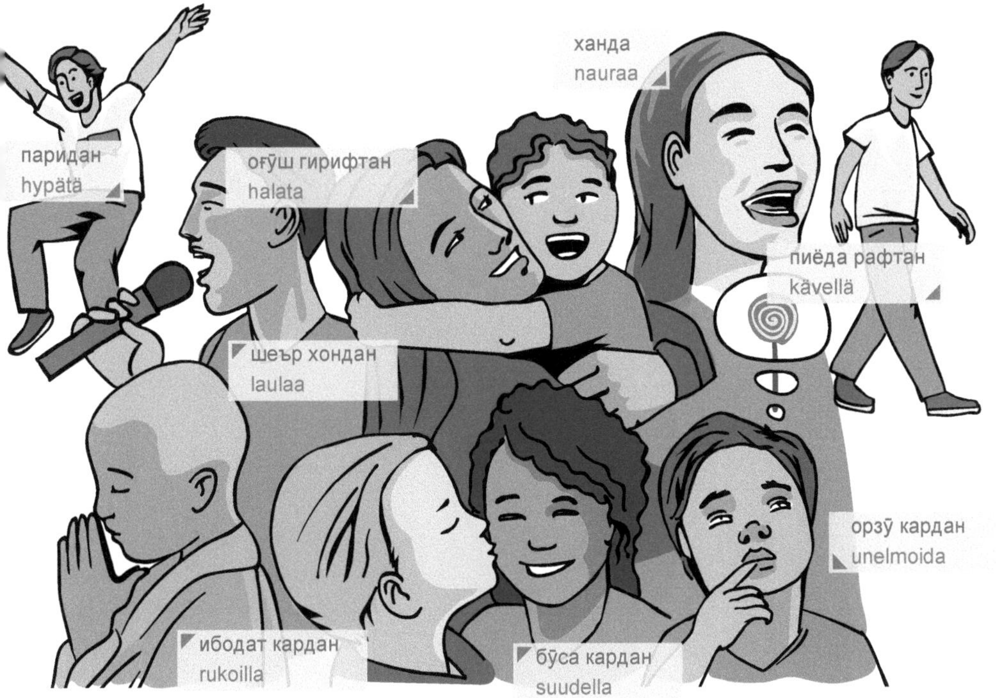

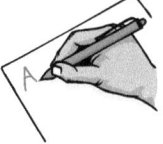

навиштан

kirjoittaa

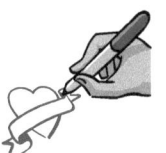

кашидан

piirtää

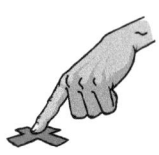

нишон додан

näyttää

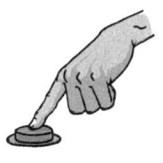

тела додан

painaa

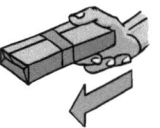

додан

antaa

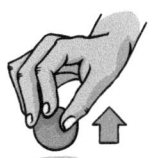

гирифтан

ottaa

доранд

omistaa

кор

tehdä

бошад

olla

истодан

seisoa

давидан

juosta

кашидан

vetää

партофтан

heittää

афтидан

kaatua

дароз кашидан

maata

интизор шудан

odottaa

бардошта бурдан

kantaa

нишастан

istua

либос пӯшидан

pukeutua

хобин

nukkua

бедор шудан

herätä

нигоҳ кардан

katsoa

гиря кардан

itkeä

сила кардан

silittää

шона

kammata

гап задан

puhua

фаҳмидан

ymmärtää

пурсидан

kysyä

гӯш кардан

kuunnella

нӯштдан

juoda

хӯрдан

syödä

ғундоштан

siivota

ишқ

rakastaa

ошпаз

keittää

рондан

ajaa

парвоз кардан

lentää

бо бодбон ҳаракат кардан

purjehtia

ҳисоб кардан

laskea

хондан

lukea

омӯхтан

oppia

кор

työskennellä

оиладор шудан

mennä naimisiin

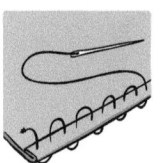

дӯхтан

ommella

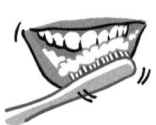

дадон шӯстан

pestä hampaat

куштан

tappaa

дуд

tupakoida

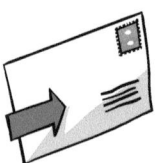

фиристодан

lähettää

оила
perhe

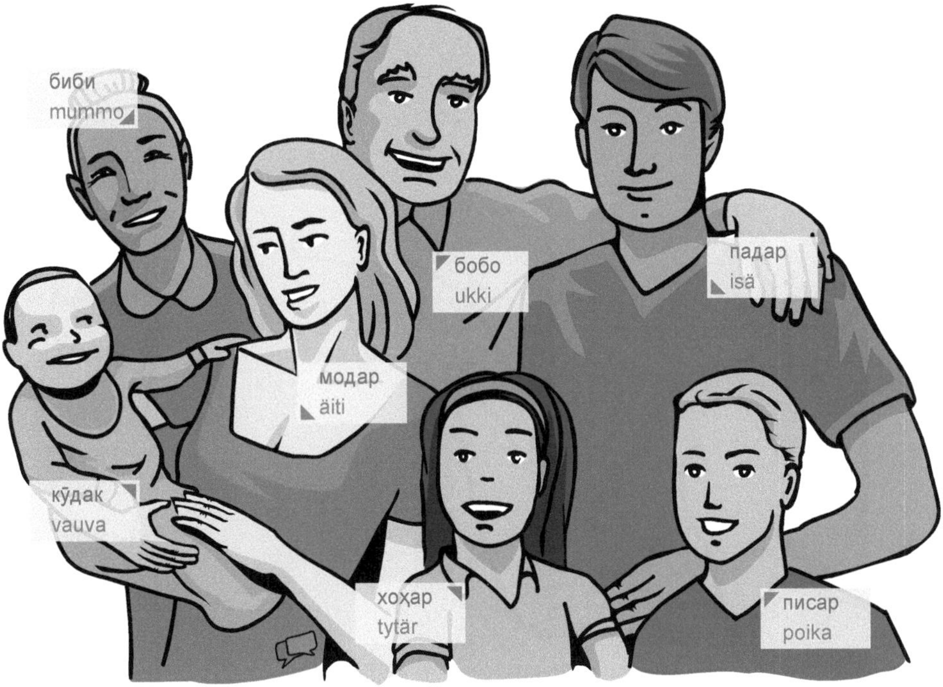
биби
mummo
бобо
ukki
падар
isä
модар
äiti
кӯдак
vauva
хоҳар
tytär
писар
poika

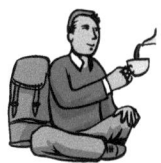

меҳмон

vieras

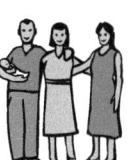

хола

täti

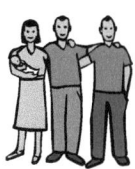

амак

setä

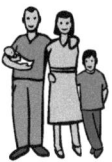

бародар

veli

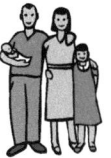

хоҳар

sisko

бадан

vartalo

пешонӣ
otsa
чашм
silmä
китф
olkapää
ангушт
sormet
рӯй
kasvot
манаҳ
leuka
панҷаи даст
käsi
қафаси сина
rinta
пой
jalka
даст
käsivarsi

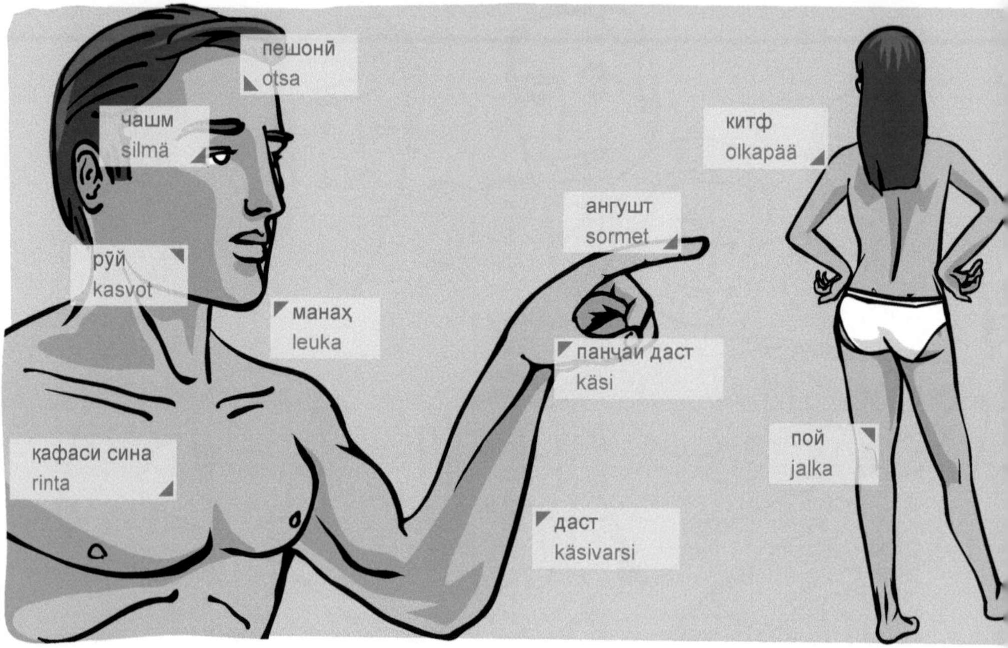

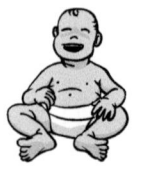

кӯдак

vauva

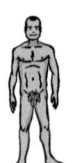

мард

mies

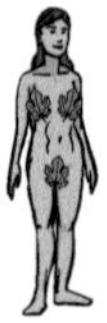

зан

nainen

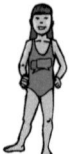

духтар

tyttö

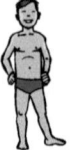

писар

poika

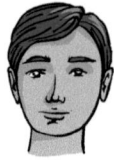

сар

pää

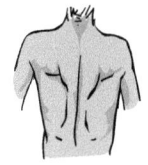

пушт

selkä

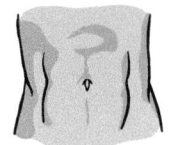

шикам

maha

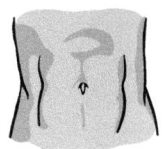

ноф

napa

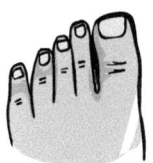

ангушти пой

varvas

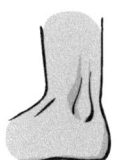

пошнаи пой

kantapää

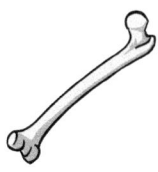

устухон

luu

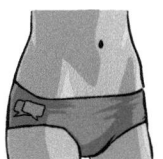

рон

lantio

зону

polvi

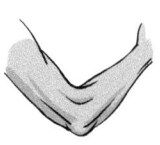

оринҷ

kyynärpää

бинй

nenä

таг

takapuoli

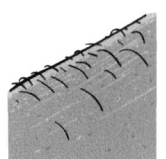

пӯст

iho

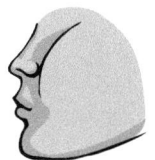

рухсора

poski

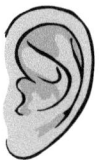

гӯш

korva

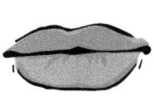

лаб

huuli

даҳон

suu

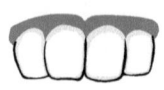

дадон

hammas

забон

kieli

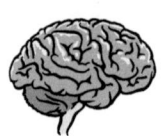

майнаи сар

aivot

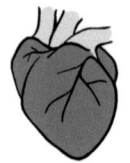

дил

sydän

мушак

lihas

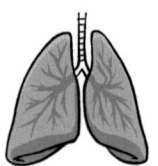

шуш

keuhkot

ҷигар

maksa

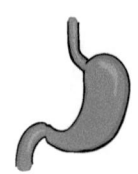

меъда

vatsa

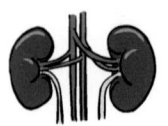

гурдаҳо

munuaiset

алоқаи ҷинсӣ

seksi

рифола

kondomi

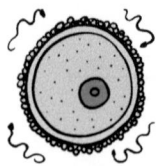

тухмҳуҷайра

munasolu

нутфа

sperma

ҳомиладорӣ

raskaus

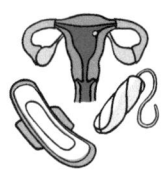

ҳайз

kuukautiset

маҳбал

vagina

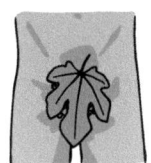

кер

penis

абрӯ

kulmakarvat

мӯй

hiukset

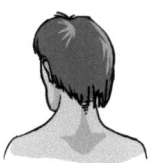

гардан

niska

бемористон
sairaala

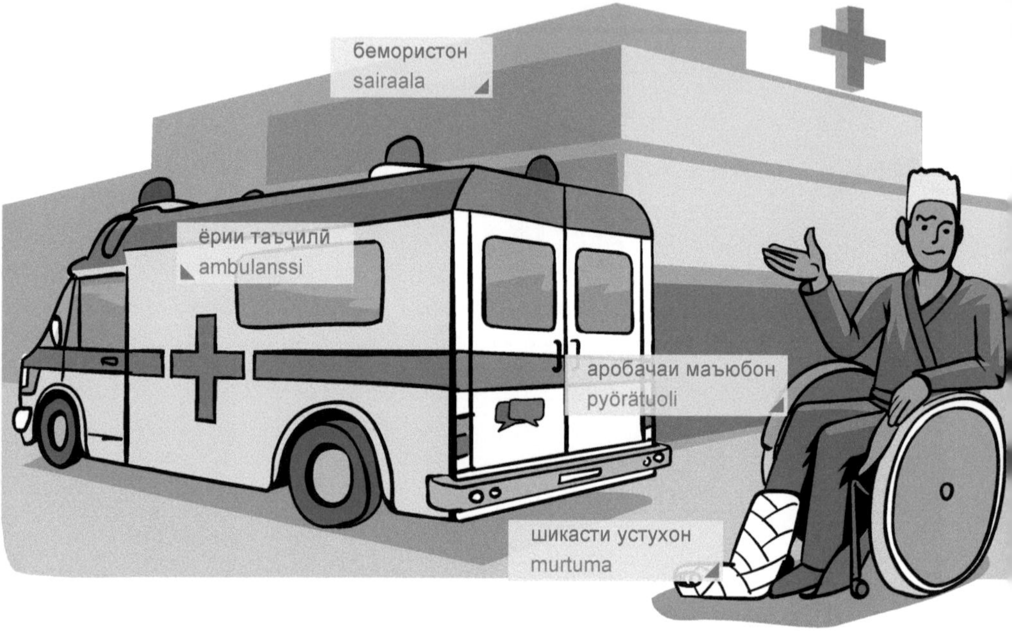

бемористон
sairaala
ёрии таъҷилӣ
ambulanssi
аробачаи маъюбон
pyörätuoli
шикасти устухон
murtuma

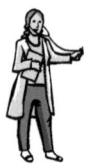

духтур

lääkäri

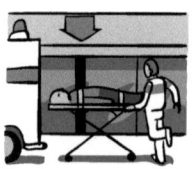

ҳуҷраи ёрии фаврӣ

ensiapu

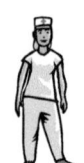

ҳамшираи тиббӣ

sairaanhoitaja

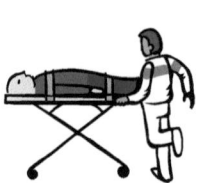

ҳолати фавқулодда

hätätilanne

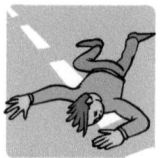

беҳуш

tajuton

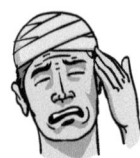

дард

kipu

чароҳат

vamma

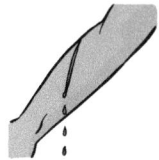

хунравй

verenvuoto

дилзанак

sydänkohtaus

сактаи майна

aivoinfarkti

аллергия

allergia

сулфа

yskä

табларза

kuume

грипп

flunssa

шикамравй

ripuli

сардард

päänsärky

саратон

syöpä

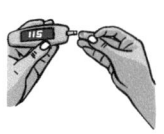

диабет

diabetes

ҷарроҳ

kirurgi

скалпел

veitsi

ҷарроҳй

leikkaus

Томографияи компютерӣ

ct

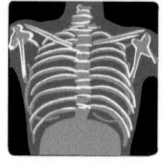

шӯъои ренгенӣ

röntgen

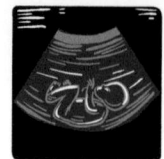

ултрасадо

ultraääni

ниқоби рӯй

maski

беморӣ

sairaus

хуҷраи интизорӣ

odotushuone

асобағал

sauva

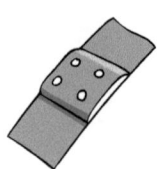

марҳам

laastari

дока

side

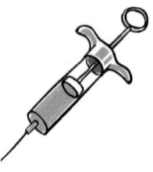

сӯзандору

pistos

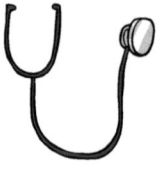

стетоскоп

stetoskooppi

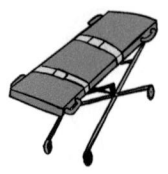

занбар

paarit

ҳароратсанҷ

kuumemittari

таваллуд

syntymä

вазни зиёдатӣ

ylipaino

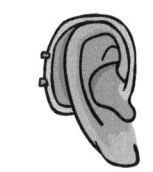

тачхизоти шунавой

kuulolaite

моддаи безараргардонй

desinfiointiaine

инфекция

infektio

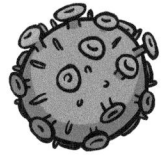

вирус

virus

ВИЧ / СПИД

HIV / AIDS

дору

lääke

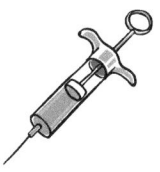

ваксинатсия

rokotus

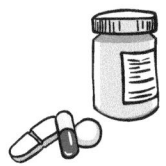

хабхо

tabletit

хаб

pilleri

занги изтирорй

hätäpuhelu

монитори фишори хун

verenpainemittari

бемор/солим

sairas / terve

Кумак!

Apua!

ҳушдор

hälytys

хучум

ryöstö

ҳамла

hyökkäys

хатар

vaara

баромадгоҳи таҳлиявй

hätäuloskäynti

Сӯхтор!

Tulipalo!

оташнишон

palosammutin

садама

onnettomuus

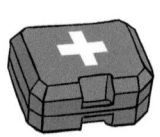

доруқуттй

ensiapulaukku

бонги хатар

SOS

полис

poliisilaitos

Аврупо

Eurooppa

Америкаи Шимолй

Pohjois-Amerikka

Америкаи Ҷанубй

Etelä-Amerikka

Африка

Afrikka

Осиё

Aasia

Австралия

Australia

Уқёнуси Атлантик

Atlantin valtameri

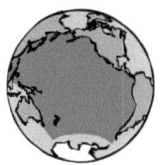

Уқёнуси Ором

Tyynimeri

Уқёнуси Ҳинд

Intian valtameri

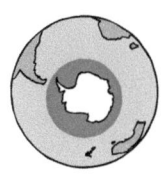

Уқёнуси Антарктика

Eteläinen jäämeri

Уқёнуси Арктика

Pohjoinen jäämeri

Қутби шимол

pohjoisnapa

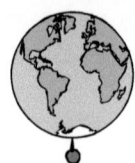

Қутби ҷануб
etelänapa

Антарктика
Antarktis

замин
maa

замин
maa

баҳр
meri

ҷазира
saari

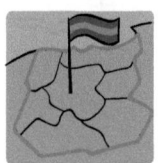

миллат
kansa

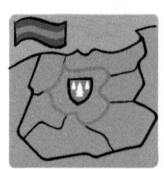

давлат
osavaltio

сиферблат

kellotaulu

ақрабаки соат

tuntiviisari

ақрабаки дақиқашумор

minuuttiviisari

ақрабаки сонияшумор

sekuntiviisari

Соат чанд?

Paljonko kello on?

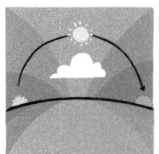

рӯз

päivä

замон

aika

ҳозир

nyt

соати электронй

digitaalikello

лаҳза

minuutti

соат

tunti

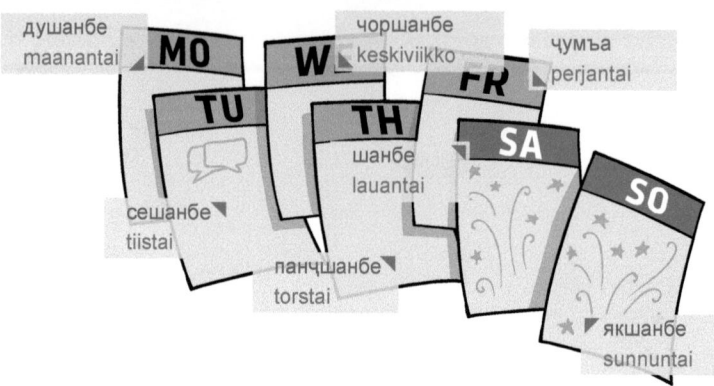

душанбе
maanantai

чоршанбе
keskiviikko

чумъа
perjantai

шанбе
lauantai

сешанбе
tiistai

панчшанбе
torstai

якшанбе
sunnuntai

дирӯз
eilen

имрӯз
tänään

фардо
huomenna

пагоҳирӯзй
aamu

нимрӯз
keskipäivä

шом
ilta

MO	TU	WE	TH	FR	SA	SU
1	2	3	4	5	6	7
8	9	10	11	12	13	14
15	16	17	18	19	20	21
22	23	24	25	26	27	28
29	30	31	1	2	3	4

рӯзҳои корй
työpäivät

MO	TU	WE	TH	FR	SA	SU
1	2	3	4	5	6	7
8	9	10	11	12	13	14
15	16	17	18	19	20	21
22	23	24	25	26	27	28
29	30	31	1	2	3	4

истироҳат
viikonloppu

сол
vuosi

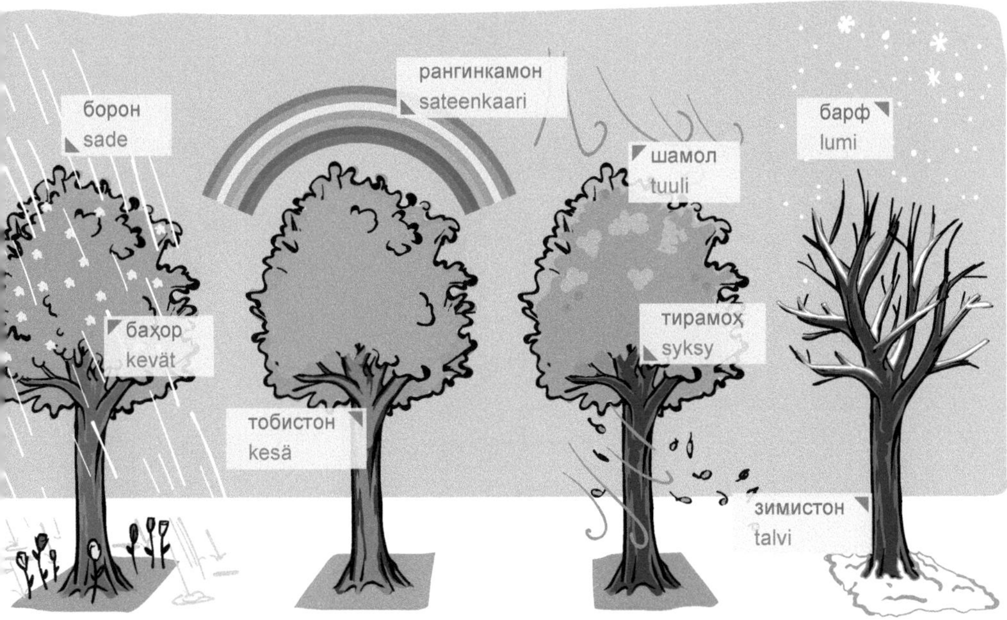

борон
sade
рангинкамон
sateenkaari
шамол
tuuli
барф
lumi
баҳор
kevät
тобистон
kesä
тирамоҳ
syksy
зимистон
talvi

4.APRIL 11°
5.APRIL 4°
6.APRIL 13°
7.APRIL 8°
8.APRIL 10°

Обу ҳаво

säänennuste

F C
120 40
90 30
60 20
30 10
0 0
-30 -10
-20

ҳароратсанҷ

lämpömittari

равшании офтоб

auringonpaiste

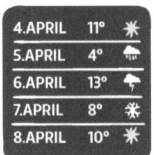

абр

pilvi

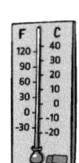

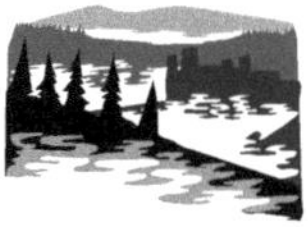

туман

sumu

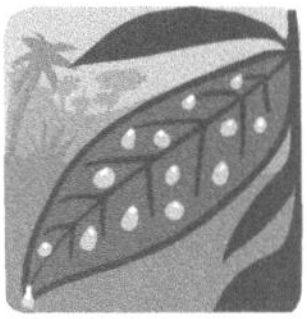

намнок

ilmankosteus

барқ
....
salama

тундар
....
ukkonen

тӯфон
....
myrsky

жола
....
rae

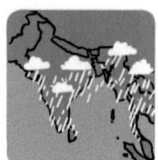

муссон
....
monsuuni

обхезй
....
tulva

ях
....
jää

январ
....
tammikuu

феврал
....
helmikuu

март
....
maaliskuu

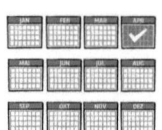

апрел
....
huhtikuu

май
....
toukokuu

июн
....
kesäkuu

июл
....
heinäkuu

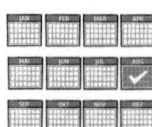

август
....
elokuu

сентябр
syyskuu

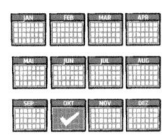

октябр
lokakuu

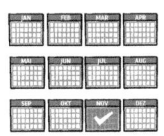

ноябр
marraskuu

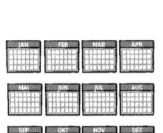

декабр
joulukuu

баст

muodot

давра
ympyrä

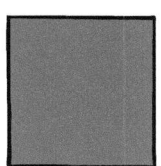

мураббаъ
neliö

росткуньа
suorakulmio

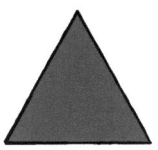

секуньа
kolmio

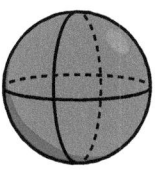

соњаи
pallo

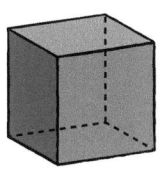

мукааб
kuutio

гулобӣ

valkoinen

хокистаранг

keltainen

зард

oranssi

бунафшранг

vaaleanpunainen

сурх

punainen

қаҳваранг

violetti

кабуд

sininen

сиёҳ

vihreä

кабуд

ruskea

сафед

harmaa

сабз

musta

бисёр/кам

paljon / vähän

хашмгин / ором

vihainen / ystävällinen

зебо/безеб

kaunis / ruma

оғози / охири

alku / loppu

калон/хурд

suuri / pieni

дурахшон / торик

vaalea / tumma

бародари / хоҳар

veli / sisko

тоза/чиркин

puhdas / likainen

пурра / нопурра

täydellinen / epätäydellinen

рӯзи / шаб

päivä / yö

мурдагон / зинда

kuollut / elävä

кушод/танг

leveä / kapea

хӯрданӣ /
хӯрданашаванда
syötävä / syömäkelvoton

бад/нек

paha / kiltti

ба ҳаяҷон / дилгир

innostunut / tylsistynyt

ғавс/борик

lihava / laiha

якум/охирин

ensimmäinen / viimeinen

Дӯсти / душмани

ystävä / vihollinen

пур/холӣ

täysi / tyhjä

сахт/мулоим

kova / pehmeä

вазнин/сабук

painava / kevyt

гуруснагӣ / ташнагӣ

nälkä / jano

бемор/солим

sairas / terve

ғайриқонунӣ / ҳуқуқӣ

laiton / laillinen

соҳибақл / беақл

älykäs / tyhmä

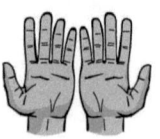

рост/чап

vasen / oikea

наздик/дур

lähellä / kaukana

ави / истифода бурда мешавад

uusi / käytetty

ҳеҷ / чизе

ei mitään / jotain

пир/ҷавон

vanha / nuori

оид / хомӯш

päällä / pois päältä

кушода/пӯшида

auki / kiinni

паст/баланд

hiljainen / äänekäs

бой/камбағал

rikas / köyhä

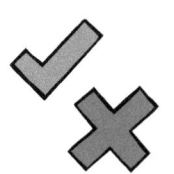

дуруст/нодуруст

oikein / väärin

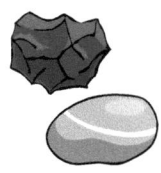

дурушт/ҳамвор

karhea / sileä

ғамгин/хушбахт

surullinen / iloinen

кӯтоҳ/дароз

lyhyt / pitkä

оҳиста/тез

hidas / nopea

тар/хушк

märkä / kuiva

гарм / сард

lämmin / viileä

ҷанг / сулҳ

sota / rauha

0	**1**	**2**
нол	як	ду
nolla	yksi	kaksi

3	**4**	**5**
се	чор	панҷ
kolme	neljä	viisi

6	**7**	**8**
шаш	ҳафт	ҳашт
kuusi	seitsemän	kahdeksan

9	**10**	**11**
нӯҳ	даҳ	ёздаҳ
yhdeksän	kymmenen	yksitoista

12	**13**	**14**
дувоздаҳ	сензаҳ	чордаҳ
kaksitoista	kolmetoista	neljätoista

15	**16**	**17**
понздаҳ	шонздаҳ	ҳабдаҳ
viisitoista	kuusitoista	seitsemäntoista

18	**19**	**20**
ҳаждаҳ	нуздаҳ	бист
kahdeksantoista	yhdeksäntoista	kaksikymmentä

100	**1.000**	**1.000.000**
сад	ҳазор	миллион
sata	tuhat	miljoona

англисӣ

englanti

англисии амрикой

amerikanenglanti

мандарини хитой

mandariinikiina

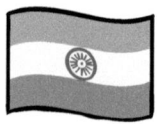

ҳиндӣ

hindi

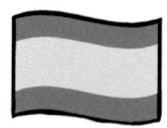

испанӣ

espanja

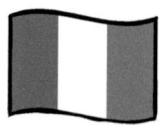

фаронсавӣ

ranska

арабӣ

arabia

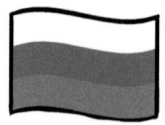

русӣ

venäjä

португалӣ

portugali

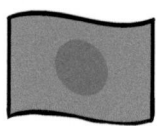

бенгалӣ

bengali

олмонӣ

saksa

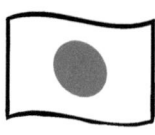

чопонӣ

japani

ман

minä

шумо

sinä

Ӯ / вай / он

hän

мо

me

шумо

te

онҳо

he

ки?

kuka?

чӣ?

mitä / mikä?

Чӣ хел?

miten?

дар куҷо?

missä?

кай?

milloin?

ном

nimi

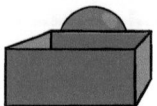

аз паси

takana

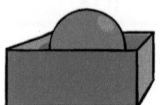

дар

sisällä

дар пеши

edessä

дар болои

yläpuolella

дар рӯи

päällä

дар зери

alapuolella

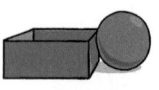

дар назди

vieressä

миёни

välissä

чой

paikka